# 萌趣论语

## 弟子篇

绘时光 编绘

中信出版集团 | 北京

图书在版编目（CIP）数据

萌趣论语. 弟子篇 / 绘时光编绘. -- 北京 : 中信出版社，2023.3
ISBN 978-7-5217-4794-2

Ⅰ. ①萌… Ⅱ. ①绘… Ⅲ. ①儒家 ②《论语》—少儿读物 Ⅳ. ①B222.2-49

中国版本图书馆 CIP 数据核字 (2022) 第 177433 号

**萌趣论语：弟子篇**

编　　绘：绘时光
出版发行：中信出版集团股份有限公司
（北京市朝阳区东三环北路27号嘉铭中心　邮编　100020）
承 印 者：北京瑞禾彩色印刷有限公司

开　　本：720mm×970mm　1/16　　印　　张：10.5　　字　　数：150千
版　　次：2023年3月第1版　　印　　次：2023年3月第1次印刷
书　　号：ISBN 978-7-5217-4794-2
定　　价：39.80元

出　　品：中信儿童书店
图书策划：小螺号
策划编辑：张悦
责任编辑：刘莲
撰 稿 人：汪玉琪
特约策划：梁策
特约编辑：杨炎彤
营销编辑：胡宇泊 赵诗可
漫画主笔：张小雪 沉睡
漫画助理：林可
封面插画：沉睡
封面设计：韩莹莹
内文排版：姿兰

# 孔子弟子档案

## 卜商　字子夏，晋国人（一说卫国人）

子夏才思敏捷，他喜欢和贤能的人相处，向孔子这样有思想的人求学。他很有文采，曾经担任过莒父宰。孔子去世后，他到魏国去教书育人，培养了不少人才。

## 颜回　字子渊，鲁国人

颜回是孔子最得意的弟子，他十三岁就跟随孔子学习，不仅爱学习，还安贫乐道，被后世尊称为“复圣”。

## 公冶长　字子长，齐国人（一说鲁国人）

公冶长从小家里就很贫困，但他勤俭节约，跟着孔子学习，成了博学之人。孔子非常赏识公冶长，把自己的女儿嫁给了他。公冶长一生钻研学问，鲁国国君多次请他去做官，都被他拒绝。

## 宰予　字子我，鲁国人

因为宰予白天睡觉被孔子批评懒惰，所以名声似乎不太好。但其实他在孔门的地位并不低。他聪明活跃，能言善辩，曾被孔子派去出使齐国和楚国。

## 闵损　字子骞，鲁国人

闵子骞以德行与颜回并称。他出身贫寒，非常孝顺，曾被孔子极力称赞。

## 仲由　字子路，又字季路，鲁国人

子路个性耿直，勇敢又有武力，被孔子启发诱导而拜入孔门。子路经常被孔子批评，但他在孔子周游列国时是最得力的护卫。有时候子路会对老师的行为表现出不满，鲁莽又可爱。

## 曾参　字子舆，鲁国人

曾参就是曾子，他是孔子晚年收的弟子，与父亲曾点、儿子曾申都是孔子的学生。他的学问很深，编撰了不少儒家重要著作，后来被尊称为“宗圣”。

## 司马耕　一名犁，字子牛，宋国人

司马耕也被称作司马牛，是个话多的人，性格急躁。他是宋国的贵族，哥哥桓魋专权，在宋国作乱，他坚决反对。后来哥哥失败逃跑，只要哥哥去的地方他都不会留下来。

## 冉耕　字伯牛，鲁国人

冉耕是周文王第十个儿子冉季宰的后裔，德行十分出众，是孔门四科“德行”的代表人物。他后来身患重病，孔子亲自去探病，为他感到可惜。

### 冉求　字子有，鲁国人

冉求也被称作冉有，他以擅长政事出名，多才多艺，还善于理财，曾做过季氏的家臣。他是孔子的得意弟子，正是他让孔子结束了十三年在外漂泊的生活，回到了鲁国。

### 澹台灭明　字子羽，鲁国人

澹台灭明样貌丑陋，以至孔子看走了眼，认为他没什么才华。后来澹台灭明到南方游学收徒，他的德行和才干传遍了诸国，孔子这才意识到自己的失误。

### 言偃　字子游，吴国人

孔子的弟子多为北方人，子游在吴地发扬孔子的学说，用礼乐教化百姓，他管辖的地方到处充满了弦歌之声，被孔子赞赏。后来子游被尊称为“南方夫子”。

## 公西华　名赤，字子华，鲁国人

他在孔门以擅长祭祀之礼、宾客之礼著称，同时也很有外交才能，曾经被孔子派去出使齐国。

## 冉雍　字仲弓，鲁国人

冉雍与冉耕、冉求是兄弟，同在“孔门十哲”之列，被称为“一门三贤”。他品学兼优，以德行著称于世。

## 端木赐　字子贡，卫国人

子贡是孔门最会做生意的人，被后世尊称为“儒商鼻祖”。他不仅善于经商，还长于雄辩，有政治才干，是个外交家，曾在鲁国和卫国为相，出使齐、吴、越、晋等国，在外交上十分成功。

## 樊迟　名须，字子迟，齐国人

樊迟从小家境贫寒，懂得种田，学习刻苦，曾多次向孔子请教问题。他不仅有学问，还勇武有谋略，齐国攻打鲁国的时候，他与冉求并肩作战，为打败齐军提供了重要的军事建议。

## 孔鲤　字伯鱼，鲁国人

孔子的儿子。他出生时，鲁昭公赐给孔子一尾鲤鱼，孔子因此给儿子取名孔鲤。孔鲤恪守礼法，对父亲十分尊重，与人相处胸襟豁达。

## 原宪　字子思，鲁国人（一说宋国人）

原宪出身贫寒，个性耿直，但从来不因为贫穷改变自己的志向。孔子在鲁国担任司寇时，原宪给孔子当过管家，孔子给他工钱，他推辞不要。孔子去世后，原宪隐居在卫国，过着非常艰苦的生活。

## 颛孙师　字子张，陈国人

子张长得相貌堂堂，勇武有才华，但过于张扬，所以被孔子评价为“师也辟”。他喜欢广交朋友，重视自己的德行修养，与人交往宽容豁达。

## 曾点　字皙，鲁国人

曾点是曾参的父亲。他懂音乐，会鼓瑟，为人高雅，有君子风度。

# 目录

# 箪食瓢饮

**【论语·雍也】**

**子曰："贤哉，回也！一箪食，一瓢饮，在陋巷，人不堪其忧，回也不改其乐。贤哉，回也！"**

# dān shí piáo yǐn
# 箪食瓢饮

**子曰：“贤哉，回①也！一箪②食，一瓢饮，在陋巷③，人不堪④其忧，回也不改其乐。贤哉，回也！”**

## 译文

孔子说：“颜回是多么贤德啊！一竹筐粗饭，一瓢水，住在简陋的屋子里，别人都忍受不了这样的穷困，颜回却不改变他的快乐。颜回是多么贤德啊！”

## 注释

①回：颜回，字子渊，又称颜渊，鲁国人。孔子的弟子，被后世尊为“复圣”。

②箪：古代一种盛饭的竹筐。

③陋巷：狭窄简陋的街巷。

④堪：忍受，承受。

## 解读

箪食瓢饮这个成语就出自这里，用来形容那些像颜回一样，虽然过着清贫的生活却热爱学习的人。他们安贫乐道，有高尚的品行修养，不以贫困为苦。

孔子最喜欢的弟子就是颜回了。小颜同学性格好，总是安安静静地学习、思考。别看他在孔门弟子中年龄小，却是个不折不扣的超级学霸。他不仅喜欢和孔子探讨问题，还经常和同学们交流心得，让同门师兄弟佩服得五体投地，孔子也是逢人就夸这个得意弟子。

颜回家里很穷，住在狭陋的街巷里。小颜同学一天的伙食，只有一小筐粗饭和一瓢水。那些整天想着吃肉的人，哪能忍受他这样清苦的生活啊，可是小颜同学却一点儿也不觉得苦，反而整天乐呵呵地学习。孔子经常发自内心地称赞他的高尚品格。

孔子带着学生们周游列国时，有一次赶上战乱，他们一时间没饭吃，只好挖野菜来充饥。这天轮到颜回做饭，他用大家挖来的野菜加上一点点米，熬了一大锅稀粥。大家都在树荫下休息，孔子一翻身，发现颜回居然偷偷喝了一口稀粥。

孔子装作什么事都没发生，等吃饭的时候，他故意说自己昨天晚上梦到父母了，想要祭奠一下他们，要将这锅野菜粥作为祭品。按照礼制，祭品必须非常洁净才行。孔子祭祀是假，其实是在考验颜回呢。

果然颜回慌忙地阻止了老师，说这粥自己吃过了，不能用来祭祀。这下大家都瞪大了眼睛，一向品行端正的颜回居然偷喝稀粥。只见颜回不慌不忙地解释说，因为锅里落了灰又怕浪费，所以才吃了那一勺粥。真相大白，孔子和同学们都对颜回刮目相看。

经常有人向孔子打听他学生的情况，孔子逢人就夸小颜同学勤奋好学，最能理解他的思想，还能进行发挥。颜回安贫乐道，不违背“仁”。孔子真是打心眼儿里欣赏这个学生。

颜回对孔子也特别尊崇，他从十三岁时就跟着孔子学习，对孔子比对老父亲还要亲。他对老师的学问和思想更是崇拜得五体投地，经常说孔子的道越是仰望就越是觉得它高，越是钻研就越是觉得它深邃。

可惜颜回这么优秀的人却英年早逝，逝世时年仅三十一岁。他去世后，孔子十分伤心。因为他和颜回的感情十分亲密，已经超过了师生之情，孔子甚至想让颜回继承自己的衣钵呢。

**文化小辞典**

**陋巷**

陋巷指的是简陋狭窄的小巷子，也有人认为陋巷指的是简陋的居室。

孔子一点儿也不在意居住环境的简陋。有一次，他要搬到一个偏远的地方住。别人就劝他说，那里住的条件太简陋了，可能外面下大雨，屋里面下小雨。孔子却认为只要是品德高尚的君子，住在哪里都一样，没什么可在意的。

因为孔子的名声越来越大，他的学生也跟着出名，就连颜回住的陋巷，如今也成为人们参观打卡的地方啦。

# 不忮不求，何用不臧

**【论语·子罕】**

子曰：“衣敝缊袍，与衣狐貉者立，而不耻者，其由也与？‘不忮不求，何用不臧？’”子路终身诵之。子曰：“是道也，何足以臧？”

# bú zhì bù qiú, hé yòng bù zāng
# 不忮不求，何用不臧

**子曰：“衣[1]敝[2]缊袍[3]，与衣狐貉[4]者立，而不耻者，其由[5]也与？‘不忮不求，何用不臧[6]？’”子路终身诵之。子曰：“是道也，何足以臧？”**

## 译文

孔子说：“穿着丝絮破烂的旧袍子与穿着狐貉皮袍的人站在一起却不感到羞耻的，大概只有仲由了吧！（《诗》里说）‘不嫉妒，不贪求，怎么会不好呢？’”子路听到后，便一直念叨着这两句诗。孔子说：“仅仅是这样，怎么能好得起来？”

## 注释

①衣（yì）：穿的意思。

②敝：破旧。

③缊（yùn）袍：用乱麻或旧丝绵为絮做成的袍子，代指贫寒的人。

④狐貉（hé）：狐狸和貉。它们的皮毛很珍贵，可以做成保暖的裘衣，代指富贵之人。

⑤由：仲由，字子路，因为他曾做过鲁国贵族季氏的家臣，又被叫作季路。鲁国人，孔子弟子，为人粗犷勇敢，性格耿直豪爽，经常对孔子提意见，也经常被孔子批评。

⑥不忮不求，何用不臧：出自《诗经・邶风・雄雉》。忮，嫉妒。臧，善，好。

## 解读

子路是个比较直率粗疏的人，他听到孔子夸奖自己，就有点儿沾沾自喜。所以无论是吃饭还是睡觉，他老爱念叨老师说的那两句诗。孔子觉得他这样自我满足并不是什么好事，学习会停滞不前，于是给他泼了点儿冷水，让他清醒一下。

子路同学在孔子看来就是个“熊孩子”，他生得健壮如牛，浑身是力气，从小习武，性格勇猛粗鲁。子路出生在乡野，小时候家里比较穷，经常靠野菜充饥，有一次父母想吃米饭，他就翻山越岭，跑到几百里之外的亲戚家背回米来给父母吃。

一开始子路瞧不起读书人文绉绉的样子，他第一次见孔子，就佩带一把用野猪皮装饰的剑，头上插着几根野鸡毛，跑到孔子面前舞枪弄棒，没想到孔子懒得瞧他。子路生气了，挥舞着拳头大喊大叫要跟孔子比画比画。

孔子招呼子路坐下来，语重心长地教导起来：“古代的君子以忠为根本，用仁来自卫，哪里用得着刀剑！就像驯服一匹烈马离不开鞭子，弯曲的木头需要校正才能变得笔直。你虽然勇猛，但也要有道德的涵养呀！”

子路皱着眉头，还是一肚子疑问：“南山的竹子本来就是直的，拿它做成竹箭，能射穿犀牛皮。”孔子捋了捋胡子说：“南山的竹子的确好，如果给它装上用羽毛做的箭尾和锋利的箭头，那就更厉害了。”

听了孔子的一番话，子路忽然开窍了，明白了读书学习的重要性。他一个跟头跳了起来，大喊痛快，高兴地跑回家换了一身衣服，回来向孔子行拜师礼，正式成为孔子的弟子。

从此以后，子路就成了孔子的小跟班，对孔子忠心耿耿。听到别人说老师的坏话，他就气得火冒三丈，立马冲出来维护老师。孔子经常说，要是他的理想行不通，他就乘着小木船到海外去，到那时恐怕就只有子路会跟随他。

因为子路会武功，所以他还兼任了孔子的贴身保镖。孔子带着学生们周游列国的时候，经常遇到凶恶的强盗、歹徒。更过分的是，有些地方的人对孔子很不友好，处处为难他。幸亏有子路一路保护，不然孔子的行程就更加艰难了。

子路性格爽快天真，爱憎分明，鲁莽爱闯祸，经常被孔子批评。不过与众不同的是，他也敢于批评老师，毕竟孔子有时候也会犯点儿小错误。别的弟子不敢说话，只有子路敢当面让孔子下不来台。

## 文化小辞典 缊袍

古代人穿的衣服和我们现代人有很大的不同，我们现在的衣服大多是由合成纤维做成的。但在先秦时期还没有这些材料，人们靠养蚕做出丝绸衣服，或者用麻等材料来做衣服。

但是靠养蚕加工的丝绸太昂贵了，一般人穿不起，只有贵族才能拥有。平民百姓只能穿麻布衣服，或者用旧的丝绵絮做衣服，这就是缊袍。因为缊袍通常穿在贫穷者身上，所以渐渐地，人们就用缊袍来代指穷困的人。

# 朽木不可雕

**【论语·公冶长】**

**宰予昼寝。子曰:“朽木不可雕也,粪土之墙不可杇也。于予与何诛?”**

# xiǔ mù bù kě diāo
# 朽木不可雕

**宰予[1]昼寝[2]。子曰："朽木不可雕也，粪土之墙不可杇[3]也。于予与何诛[4]？"**

## 译文

宰予在大白天睡觉。孔子说："腐烂的木头经不起雕琢，像粪土一样的墙壁粉刷不得。对于宰予，还有什么好责备的呢？"

## 注释

①宰予：又名宰我，字子我，孔子弟子。他能言善辩，追随孔子周游列国，曾被孔子派遣出使齐国和楚国。

②昼寝：白天睡觉。

③杇（wū）：涂抹墙壁的工具，这里用作动词，指涂抹墙壁。

④诛：责备。

## 解读

朽木不可雕，经常用来形容一个人没有上进心，或者用来比喻人或事物坏透了，已经到了无可救药的地步。孔子教育学生非常讲究因材施教，对学生大多以鼓励为主。可他对宰予多有批评，最为严格，也许宰予提出的一些问题，与孔子的主张不合吧。

孔子有个学生叫宰予，他可是个让孔子头疼不已的家伙。宰予很聪明，是个标准的学霸，而且口才特别好，辩论时总能轻松拿第一。

遗憾的是，孔子不太喜欢宰予，因为他总是扰乱课堂秩序，提出各种各样的疑问，有时候还当面质疑老师。孔子经常被他气得吹胡子瞪眼，但拿他毫无办法。

宰予不仅在课堂上钻牛角尖，还喜欢偷懒。有一天，同学们都到齐了，孔子准备开始上课，一看宰予的座位是空的。同学们告诉孔子宰予还在睡懒觉。

一个学生不好好学习，居然睡懒觉。这次孔子真的发火了，公开点名批评了他。

虽然宰予经常挨批评，但他善于思考，在孔子周游列国期间，还被孔子派遣到齐、楚等国去处理事务。到唐代，他被尊为孔门“十哲”之一。

## 文化小辞典

### 木雕

孔子把宰予形容为不可雕琢的朽木，可见在孔子的时代，木雕就已经很常见了。中国的木雕艺术历史非常悠久，据考证有7000年了。

木雕通常选用质地比较坚硬的木材制作，如楠木、紫檀、樟木、柏木等。所以腐烂的木头是不能用来雕刻的。

按照不同的雕刻方法，可以把木雕分成圆雕、根雕和浮雕三个种类。木雕艺术常见于宫殿、庙宇、宅第、园林、店铺等建筑，它们作为装饰物，栩栩如生，有很多艺术精品流传后世。现在木雕艺术已被列入国家级非物质文化遗产名录。

# 公治长可妻也

**【论语 · 公冶长】**

子谓公冶长：“可妻也。虽在缧绁之中，非其罪也。”以其子妻之。

# gōng yě cháng kě qì yě
# 公冶长可妻也

**子谓[①]公冶长[②]：“可妻[③]也。虽在缧绁[④]之中，非其罪也。”以其子[⑤]妻之。**

## 译文

孔子评价公冶长说：“可以把女儿嫁给他。他虽然曾被关进监狱，但不是他的过错。”孔子就把自己的女儿嫁给了他。

## 注释

①谓：说，评论。

②公冶长：公冶氏，字子长，齐国人（一说鲁国人），孔子弟子，也是孔子的女婿。一生致力于学问，拒绝做官，继承孔子遗志，教书育人。

③妻：把女子嫁给（某人）。

④缧绁（léixiè）：捆绑犯人的绳索，这里代指监狱。

⑤子：古时候儿子和女儿都称为子，这里指的是女儿。

## 解读

孔子收了很多弟子，其中有很多都是优秀的人才。所谓近水楼台先得月，他可是给自己的女儿、侄女都找到好女婿啦。

民间故事中的公冶长有特异功能，听得懂鸟儿的语言，可以和它们毫无障碍地交流。有一天，公冶长正在家门口的大树下摇头晃脑地背书。一只鹞鹰从远处飞来，落在树梢上。它告诉树下的公冶长说，南边山上有一头死獐，他们可以合作分工，共享美味。

公冶长按照鹞鹰的指引，很快就找到了那头死獐。公冶长乐得合不拢嘴。这头獐子十分肥壮，不知什么原因受伤而死，让他白白捡了个大便宜。公冶长哼哧哼哧地把死獐扛回了家。

公冶长三下五除二，将獐子处理干净，烧出一大桌美味。他大快朵颐，独自享用美食，吃得肚子圆鼓鼓的，早把和鹞鹰的约定忘到九霄云外，一丁点儿肠子都没给鹞鹰留下。

鹞鹰给公冶长通风报信，辛苦了半天，最后却什么也没捞着，又饿又气。它决心报复公冶长。

过了几天，鹞鹰又一次落在公冶长家的大树上，告诉他南边山上又发现了一只死獐，让他取回来。公冶长高兴地跑过去，结果看到一群人站在一块空地边七嘴八舌地议论着。

公冶长不甘心獐子被其他人抢走，于是大喊獐子是他打死的。等他扒开人群一看，傻眼了，空地上躺着的哪里是獐子，而是一个人。众人一齐朝他投来惊讶又愤怒的目光。

大家把公冶长扭送到官府。当地父母官升堂审问，公冶长瑟瑟发抖，一个劲儿辩解自己没有犯法，是鹞鹰告诉他那里有死獐。官员哪里会相信他的话，生气地拍着桌子大骂。公冶长哑巴吃黄连，知道是鹞鹰搞的鬼，对自己不守信用的行为感到十分后悔。

可怜的公冶长被关进监狱。过了几个月，公冶长听到外面几只麻雀要去水塘边吃粮食，便把那边粮车翻了的消息告诉狱卒。狱卒去查看时，发现果然和公冶长说的一模一样，官员这才相信公冶长听得懂鸟语，就把他释放了。

## 文化小辞典　缧绁

缧绁是古代一种黑色的绳子，用来捆绑犯人，防止他们逃跑。后来，缧绁就成了监狱的代称。

可是绳子毕竟不太结实，犯人很可能会挣脱。所以后来人们又发明了不少押解犯人的刑具，比如用铁链子做成的脚镣和手铐。

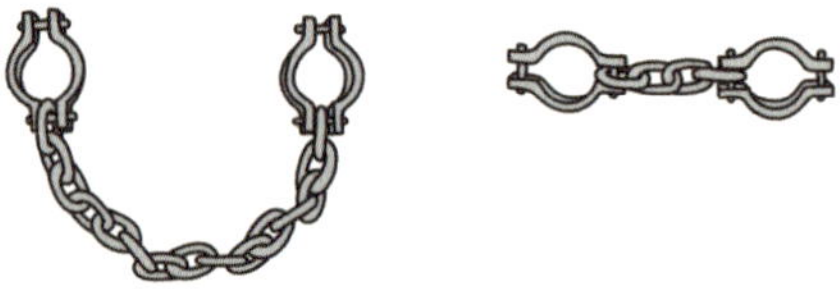

我们经常在古装电视剧里看到的木枷也是一种刑具。它是把木头中间挖空，将犯人的脖子套进去。

# 孝哉闵子骞

**【论语·先进】**

**子曰："孝哉闵子骞！人不间于其父母昆弟之言。"**

xiào zāi mǐn zǐ qiān

# 孝哉闵子骞

**子曰：“孝哉闵子骞①！人不间②于其父母昆③弟之言。”**

## 译文

孔子说：“闵子骞真是孝顺啊！对于他的父母兄弟称赞他的话，人们没有一点儿异议。”

## 注释

①闵子骞：名损，字子骞，鲁国人，孔子弟子，以德行著称，尤其以孝顺闻名于世。

②间（jiàn）：异议。

③昆：哥哥。

## 解读

孔子赞赏闵子骞的孝顺，不是直接夸赞他，而是通过别人对闵子骞的评价和态度来说明。由此可见，闵子骞的孝顺是大家有目共睹的。孔子对弟子的评价都比较公允，很少有偏私。

闵子骞是孔子学生中出名的孝子，孔子对他的孝顺赞赏有加。小闵同学其实很命苦，在他很小的时候妈妈就去世了。他的爸爸给他找了一个后妈，生了两个弟弟。

后妈偏爱两个弟弟，对小闵很不好。他一直隐忍，从不向父亲告状。有一年冬天特别冷，后妈给两个弟弟做了厚厚的冬衣，穿上非常暖和，却给小闵同学的衣服里塞满了芦花，看上去鼓鼓囊囊，但一点儿也不保暖。

这一天，爸爸要出门，让小闵同学赶马车。小闵穿着芦花冬衣，冻得鼻涕直流，双手僵硬，握不住缰绳。爸爸很生气，以为小闵偷懒呢，说了他两句。可怜的小闵又冷又累，委屈得快要哭了。

糊涂的老爸看他不好好干活，还哭哭啼啼，一下子火冒三丈，夺过鞭子打了他两下。小闵的衣服被打破了，爸爸看到从衣服里露出的芦花，这才知道后妈对小闵实在是太刻薄了。

爸爸气得头发都要立起来了，立刻掉转车头，要回家休妻。小闵跪在地上，哭着苦苦哀求，他不想让两个弟弟也失去妈妈。

爸爸被小闵的话打动了，放弃了休妻的念头。后妈知道这件事后，非常惭愧，主动承认错误，并且痛改前非，从此把小闵当成亲生儿子一样疼爱。

## 文化小辞典　孝道

孝道是中华民族的传统美德，是指子女奉养、尊重父母长辈，也是儒家非常推崇的道德。父母养育子女成长很辛劳，到了年老体衰的时候，也应该享受子女奉养。

古人常说“鸦有反哺之义，羊有跪乳之恩”。连小动物都懂得报答父母，我们人类更应该要尊敬父母，报答他们的养育之恩。

孔子对孝道提出了具体的要求，他觉得父母年老了，做子女的不应该仅仅只是奉养父母，更重要的是对父母表示尊敬，让他们的内心得到慰藉，才能安享晚年。

当然，孔子还提出，如果父母犯错了，作为子女应该委婉地提醒他们，让他们认识到错误，以免他们损害名声，陷入不义的境地。

# 博学笃志，
# 切问近思

**【论语·子张】**

子夏曰：“博学而笃志，切问而近思，仁在其中矣。”

# bó xué dǔ zhì，qiè wèn jìn sī
# 博学笃志，切问近思

**子夏[1]曰："博学而笃志[2]，切问[3]而近思，仁在其中矣。"**

## 译文

子夏说："广泛地学习并且能够坚定自己的志向，恳切地发问并且能思考近前的事，仁就在这里面了。"

## 注释

①子夏：卜商，字子夏，晋国人（一说卫国人），孔子弟子，以文学著称。他性格勇猛，勤奋好学，热爱钻研，喜欢与贤能的人交朋友。

②笃志：坚定志向。

③切问：恳切地发问。

## 解读

子夏是个爱学习的人，他对求学问道有很多自己的心得体会，所以经常发表关于学习的言论，比如："仕而优则学，学而优则仕。""日知其所亡，月无忘其所能，可谓好学也已矣。"他在这里告诉我们只要广泛学习，坚定志向，恳切发问，多思考近前的事，心无旁骛，就是做到了仁。

说到勇猛，除了子路，孔子的另外一个学生也很勇猛，他就是子夏。不过他更擅长文学，是孔门有名的高才生。他特别爱学习，没事就向孔子请教问题。有一次他读《诗经》，有一句不懂，就马上去问老师，孔子只解释了一句，他就懂了，因此特别受孔子赏识。

子夏还特别喜欢钻研古书，常常发现别人忽略的问题。有一次他听别人读史书，有一句是“晋师三豕涉河”，意思是晋国军队有三头猪渡过黄河。他立刻指出是粗心的抄书人把字抄错了，将“己亥”抄成了“三豕”，闹了一场笑话。

子夏家里条件不太好，经常穿着破破烂烂的衣服，但这个小伙子可有志气了。孔子的很多弟子后来都去做官了。子夏却与众不同，有人劝他出仕做官以改善处境，他却表示不愿为了蝇头小利而对诸侯贵族低声下气，失去气节。

子夏非常乐于助人。有一个同学叫樊迟，头脑不怎么聪明。他向孔子请教问题，孔子解答了两次，他还是一头雾水。他抓了抓脑袋，只好去问子夏，子夏给他举了个例子，樊迟马上就明白了。

子夏其实曾经做过一回官，担任莒父宰。他经常说，做官有余力就去学习，学习有余力了就去做官。他喜欢和贤能的人交往，做官后还会向孔子请教做官的学问，真的是终身都在学习呀。

终身爱学习的子夏，后来成了学识渊博的人。他帮助孔子整理典籍，自己也收了弟子传授知识，成为受人尊敬的老师。子夏对儒家学说的传播做了很大的贡献。

## 文化小辞典

### 仁

“仁”这个汉字很有意思，左边一个单人旁，右边一个“二”，有人解释说是两个人并排站在一起，表示关系亲密。所以，“仁”本来的意思是表示对人友爱、与人相亲。

后来，孔子将“仁”发展成含义更广泛的道德规范，他认为每个人都要有一颗仁爱之心，以仁爱之心与别人相处，和别人真诚地交流。

“仁”是儒家学说最核心的部分，孔子把它作为道德的最高境界。想成为君子，就要不断修养自己的品德，把达到“仁”的境界作为自己的目标。不论处在怎样恶劣的环境中，都要坚守内心。

后来，孔子的弟子及再传弟子在他的观点基础上，将“仁”的含义进行扩展。到了孟子，他提出“仁政”的观念，认为不仅人与人之间要仁爱，统治者对待自己的百姓也要怀有仁爱之心，施行仁政。

# 四海之内皆兄弟

**【论语·颜渊】**

**司马牛忧曰：“人皆有兄弟，我独亡。”子夏曰：“商闻之矣：死生有命，富贵在天。君子敬而无失，与人恭而有礼。四海之内，皆兄弟也。君子何患乎无兄弟也？”**

# sì hǎi zhī nèi jiē xiōng dì
# 四海之内皆兄弟

**司马牛[①]忧曰："人皆有兄弟，我独亡[②]。"子夏曰："商闻之矣：死生有命，富贵在天。君子敬而无失，与人恭而有礼。四海之内，皆兄弟也。君子何患[③]乎无兄弟也？"**

## 译文

司马牛忧愁地说："别人都有兄弟，唯独我没有。"子夏说："我听说过这样的话：生死听从命运，富贵由天上安排。君子只要做事情严肃认真，不出差错，与别人相处恭敬而守礼节，普天之下的人都会是他的兄弟。君子又何必忧虑没有朋友呢？"

## 注释

①司马牛：司马耕，字子牛，宋国人，孔子弟子。他是宋国贵族，性格急躁，一心求学。

②亡：同"无"，没有。

③患：忧虑，担心。

## 解读

司马牛因为几个哥哥品行不好，内心感到愧疚，所以常常忧愁。但出身是无法选择的，司马牛也没办法改变自己的兄弟。而子夏很巧妙地把“兄弟”的含义扩展开来，不以血缘来论兄弟，而是以君子的德行为标准。所以志同道合的人，都可以称为兄弟。

孔子的学生中，不仅有贫家子弟，也有达官显贵，司马牛就是其中一个。他是宋国贵族，有三个哥哥，其中一个哥哥桓魋是宋国的大司马。可是这些位高权重的哥哥全都没有仁义之心，干尽了坏事，只有司马牛为人正派。

孔子因为评价过桓魋的行为，就被桓魋报复了。司马牛非常忧愁伤心，感到愧疚。有一次他在同学们的面前说："别人都有好兄弟，唯独我没有。"子夏安慰他说，君子只要做好自己，天下的人都会是他的兄弟。

司马牛善于交谈，但是性格很急躁，干什么事情都慌慌张张的，学习上也容易冒进，恨不得一口吃成个胖子。有一次，他向孔子请教关于仁的道理。孔子就教导他要三思而后行，说话要克制，不要急躁。

司马牛坚信孔子的学说，并且按照君子的规范去做人做事。后来他那几个干坏事的哥哥在宋国作乱，司马牛坚决反对。哥哥们不听劝告，结果捅了大娄子，有的被杀，有的逃亡到别国。司马牛也逃离了宋国，但他坚决不与哥哥们待在一个地方。

## 文化小辞典

### 四海

中国古人因为对地理认识不足，认为中国的四周被大海包围，所以称中国为海内，称其他国家和地区为海外。

那时候，我们的老祖宗认为中国处在世界的中心位置，其他国家都属于蛮荒之地。所以子夏说的“四海之内”就是天下的意思。

# 吾日三省吾身

**【论语·学而】**

**曾子曰：“吾日三省吾身：为人谋而不忠乎？与朋友交而不信乎？传不习乎？”**

# wú rì sān xǐng wú shēn
# 吾日三省吾身

**曾子[1]曰：“吾日三省[2]吾身：为人谋而不忠[3]乎？与朋友交而不信[4]乎？传[5]不习[6]乎？”**

## 译文

曾子说：“我每天多次反省自己：为别人办事尽心竭力了吗？和朋友交往做到诚实了吗？老师传授的学业认真复习了吗？”

## 注释

①曾子：曾参，字子舆，鲁国人，与父亲曾皙、儿子曾申同为孔子弟子。他性格沉静，行事稳重，为人谨慎谦恭，以孝著称。

②三省：多次反省。三，指多次。省，反省，内省。

③忠：尽心竭力。

④信：诚实。

⑤传：这里指老师的传授。

⑥习：温习，复习。

## 解读

“三省吾身”这个成语就出自这里。曾子的这句名言被后世所推崇。它被视为修身养性的准则，强调了儒家思想中关于忠、信和学无止境的部分。

曾参十六岁就进了孔家班，和他爸爸曾皙成了同班同学。小曾同学勤奋好学，很得孔子的欣赏，经常受到表扬。他特别讲究礼节，有一次坐在席子上陪老师闲谈，孔子问了他一个问题，他立刻起身站到席子外，恭敬地请教孔子。

曾参非常注重品德修养，每天都会深刻反省自己的行为。有一天，他的妻子要去街上买东西，儿子哭闹着也要跟去。妻子于是哄骗儿子，说回来杀猪给他吃。

妻子和儿子的对话刚好被曾参听到了，等妻子从街上回来，他立刻抄起一把刀准备去杀猪。妻子急了，一把夺下刀，说她只是哄小孩玩的。再说猪还没长膘，现在就宰了太可惜了。

曾参的脸色马上变得很严肃，他说："怎么能欺骗孩子呢？孩子不懂事，需要靠父母教育，你现在欺骗他，就等于在教他学会欺骗呀！"妻子听了非常惭愧。曾参杀了猪，给儿子做肉吃。

**文化小辞典**

**信**

“仁义礼智信”是儒家学说中的“五常”，也是儒家提倡的做人最基本的准则。其中，“信”指做人诚信，与朋友诚实交往，是成为一个君子必备的条件。

古人有“君子一言，驷马难追”之说，意思是君子说出的话，四匹马拉的马车都追不回来，说明承诺的真实可靠。汉代有个叫季布的人，非常正直，乐于助人，而且特别讲信用，因此声名远扬。人们都称赞他说：“得黄金百斤，不如得季布一诺。”成语“一诺千金”就出自这里。这也说明了诚信在社会交往中的重要性。

斯人也而<br>有斯疾也

【论语·雍也】

伯牛有疾，子问之，自牖执其手，曰：“亡之，命矣夫！斯人也而有斯疾也！斯人也而有斯疾也！”

sī rén yě ér yǒu sī jí yě

# 斯人也而有斯疾也

**伯牛①有疾，子问之，自牖②执③其手，曰：“亡之④，命矣夫！斯人也而有斯疾也！斯人也而有斯疾也！”**

## 译文

伯牛生病了，孔子前去探望他，从窗户外握住他的手，说：“活不成了，这都是命啊！这样的人竟然会得这样的病啊！这样的人竟然会得这样的病啊！”

## 注释

①伯牛：冉耕，字伯牛，鲁国人，孔子弟子，与颜渊、闵子骞以德行并称于世，为人正派，善于待人接物。

②牖（yǒu）：窗户。

③执：握住。

④亡之：亡，死亡。之，表示语气的虚词，在这里没有实际含义。

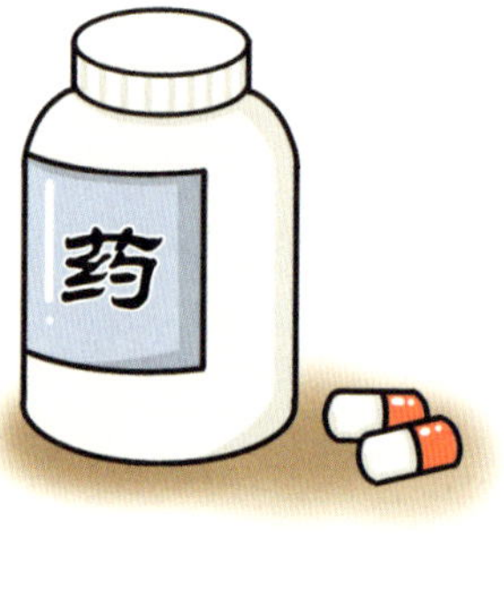

## 解读

伯牛生病，孔子去探望他时，为什么是从窗户外握着他的手，而不是进去直接看他呢？有人说，伯牛不想让老师瞧见他的病容，所以不让老师进房屋。也有人说，伯牛要按照礼制来迎接孔子的探视，让孔子面朝南面，但孔子不接受，就跑到窗户外边问候他。

伯牛也是孔子钟爱的弟子。他和颜渊、闵子骞、冉雍一样，都以品行高尚而著称。伯牛做事情非常认真谨慎，孔子很欣赏他。孔子在鲁国做司寇的时候，伯牛出任中都宰，是老师的好帮手。

可是老天爷像个喜欢捉弄人的调皮小孩，对伯牛一点儿也不友好，让他染上了怪病。可怜的伯牛同学心里十分痛苦。好在他的同学们没有嫌弃他，经常带着好吃的来看望他，读书给他听。

不过遗憾的是，伯牛的病情还是越来越重，惊动了孔子。孔子亲自来探病，可是伯牛不让老师进来，把门给堵住了，他害怕自己的病传染给老师。

孔子安慰伯牛，说他不怕被传染。伯牛哽咽着说不出话来，其实他心里可想念老师了。过了一会儿，窗户被打开了，孔子握起伯牛的手，伤心地说："这都是命啊！这样的人竟会得这样的病啊！这样的人竟会得这样的病啊！"

**文化小辞典**

**牖**

古时候的窗户和我们现在的窗户有些不一样，“窗”在古代原本指的是开在屋顶的天窗，而“牖”才是我们今天所说的开在墙壁上的窗户。

今天我们看到的窗户大部分是玻璃和金属做的，但古代的窗户基本上是用纸和木头做成的。有些贫穷人家用不起木头，只能用破瓦罐代替。

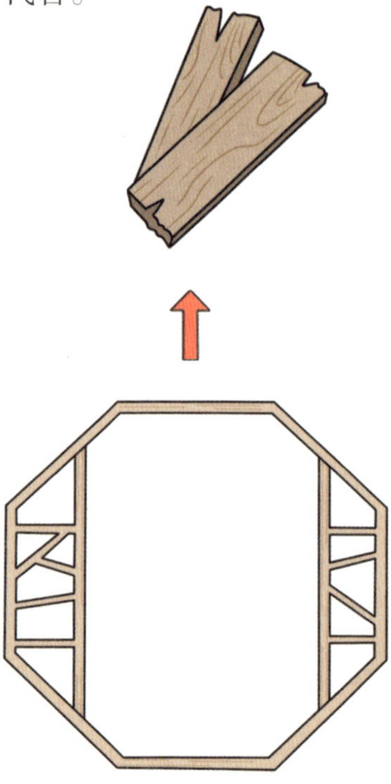

# 四体不勤，五谷不分

**【论语·微子】**

子路从而后，遇丈人，以杖荷蓧。子路问曰："子见夫子乎？"丈人曰："四体不勤，五谷不分，孰为夫子？"

sì tǐ bù qín， wǔ gǔ bù fēn

# 四体不勤，五谷不分

**子路从而后，遇丈人①，以杖荷②蓧③。子路问曰：“子见夫子乎？”丈人曰：“四体不勤，五谷不分，孰④为夫子？”**

## 译文

子路跟随孔子出行，落在了后面，路上遇到一个老人，用拐杖挑着除草的农具。子路问老人：“您见到我的老师了吗？”老人说：“那些四肢不勤劳，五谷都分不清的人，谁是你的老师呢？”

## 注释

①丈人：老人。

②荷（hè）：担着，挑着。

③蓧（diào）：古代一种竹子做成的农具，用来耘田。

④孰：谁。

## 解读

“四体不勤，五谷不分”这个成语就出自这里，形容不参加劳动，不会辨别五谷，后多用来批评那些饱食终日、无所事事的人。在孔子的时代，大部分人都要靠劳动养活自己，像孔子这样以教书育人为工作的人，在一些人看来一点儿也不务实。

子路跟随孔子周游列国时，有一次不小心掉队了，他急着追赶老师和同学们，却连一个人影都没见着。这时，他遇到一个用拐杖挑着农具，正要去地里干活的老汉，子路就向他问路，打听老师他们去了哪里。

老汉说完后把拐杖插在地上，开始除草。一向快人快语的子路感觉很尴尬，不知该说什么好，只好拱手站在那里，看着老汉干活。老汉干完了农活，见子路还呆呆地站在旁边，就邀请他回家住宿。

子路乐呵呵地跟着老汉回了家，没想到老人家对他特别热情，专门为他杀了一只鸡，蒸了一锅黄米饭款待他。子路早就饿得肚子咕咕叫，闻到饭菜香气，口水流了一地。老汉还把他的两个儿子喊来，与子路见礼。

第二天子路终于追上了老师，就把老汉招待自己的事告诉了他。孔子惊喜地对子路说："你遇到世外高人了，这个老汉是个隐士啊。"于是让子路返回去见老汉。子路遵从师命，回去找老汉。到了昨天住的地方，却发现老汉已经离开了。

## 文化小辞典

### 五谷

五谷指的是五种谷物，不过具体是哪五种谷物，有不同的说法。有说法认为五谷是稻、黍、稷、麦、菽，稻、黍、麦就是我们今天所说的水稻、小米、麦子，稷是一种粮食作物，菽是豆类作物的总称。还有说法认为五谷是麻、黍、稷、麦、菽，其中麻不属于粮食作物，是做衣服的原料。

华夏民族以农耕文明为主，对五谷有着特殊的感情。许多神话传说中都有五谷的影子。人们渴望风调雨顺，五谷丰登，过上富足安康的生活。

# 富而后教

**【论语·子路】**

**子适卫，冉有仆。子曰：“庶矣哉！”冉有曰：“既庶矣，又何加焉？”曰：“富之。”曰：“既富矣，又何加焉？”曰：“教之。”**

fù ér hòu jiào

# 富而后教

**子适[1]卫，冉有[2]仆[3]。子曰：“庶[4]矣哉！”冉有曰：“既庶矣，又何加焉？”曰：“富之。”曰：“既富矣，又何加焉？”曰：“教之。”**

## 译文

孔子到卫国去，冉有为他驾车。孔子说：“（卫国人）真是多呀！”冉有说：“人口已经有很多了，接下来该怎么做呢？”（孔子）说：“让他们富裕起来。”（冉有又）问：“已经富裕起来了，又该怎么做呢？”（孔子回答）说：“教育他们。”

## 注释

①适：到。

②冉有：即冉求，字子有，鲁国人，孔子弟子，性格谦和，多才多艺，擅长处理政事。

③仆：驾马车。按照当时礼制的要求，晚辈、学生、下级有义务为长辈、老师、上级驾车。

④庶：众多，这里指人口众多。

## 解读

“仓廪实而知礼节，衣食足而知荣辱”，在孔子看来，百姓的物质生活水平提高了，自然要提高他们的精神生活水平。孔子治理国家的理念是要让所有人都能拥有很高的素养，这就需要用教育来提升人们的精神品质。

冉求是个政治才华非常突出的人，孔子很早就看出冉同学有做官的潜质。有一次，鲁国权臣季康子向孔子询问他学生的情况。孔子说冉求是个多才多艺的人，做官对他来说就是小菜一碟。

不过，孔子心里可清楚得很，自己的学生虽然各有各的优点，但每个人身上也有不少小毛病。冉求虽然多才多艺，谦虚谨慎，但有时候做事犹豫不决，不够果断，不像子路那样敢作敢为，一马当先。

虽然冉求政治天分高，但在学习上却是个后进生，尤其是在仁德修养上，总是达不到老师的要求。孔子经常找他谈话，冉求辩解说自己不是不喜欢老师的学说，而是能力不足。孔子对他连连翻白眼，说如果真是能力不足，走到半路就走不动了，但现在冉求还没迈开脚步，这么畏首畏尾怎么能进步呢？

孔子对冉求的期望很高。他们经常讨论治理国家的问题，冉求总是虚心请教老师。有一次，孔子带着学生们来到卫国，宣传他的治国主张。一路上，孔子看到很多人，心情特别好，觉得卫国的人口要比鲁国的多。

为老师驾车的冉求见孔子心情好，赶紧上前去问问题："老师，人口既然这么多，下面该怎么做呢？"孔子说："要让他们富起来啊！"冉求继续问："那大家都富裕起来后，又该怎么做呢？"孔子摸摸胡子说："那就教育他们吧。"冉求听完点点头，继续驾车。

后来冉求成了季康子的家臣，并很快展现出他的政治才华。有一次，齐国入侵鲁国，其他大臣害怕强大的齐国，不敢出战。只有冉求带着军队，勇敢地战斗。他让步兵们手拿长矛，突袭齐国军队，最后取得了胜利。

冉求表现出色，立了大功，季康子很高兴，叹服于他的军事才能，问他的本领是从哪里学来的。冉求说这都是他的老师孔子教的，并趁机劝说季康子将孔子接回鲁国。季康子答应了他的请求。

冉求一直帮助季氏家族处理政务，尤其是财政管理。他曾经协助季氏进行田税改革，向百姓征收了很多税。冉求的做法违背了孔子提倡的仁政，所以孔子很生气，斥责了冉求，并且公开说冉求不是他的学生。他让其他学生击鼓，共同讨伐冉求。

文化小辞典

仆

这里的“仆”不是仆人的意思，而是指驾驶马车的人。在古代，驾车可是一个技术活，周朝的贵族教育要接受六种技能训练，即“六艺”——礼、乐、射、御、书、数，其中的御就是驾驭马车。

在古代，马车不仅是常见的交通工具，还是战场上最得力的运载工具，所以掌握驾车这项技能还是挺重要的。“御”分为五类，分别为“鸣和鸾”“逐水曲”“过君表”“舞交衢”“逐禽左”，类似于今天的车技表演。

# 割鸡焉用牛刀

【论语·阳货】

子之武城，闻弦歌之声。夫子莞尔而笑，曰："割鸡焉用牛刀？"子游对曰："昔者偃也闻诸夫子曰：'君子学道则爱人，小人学道则易使也。'"子曰："二三子！偃之言是也。前言戏之耳。"

# gē jī yān yòng niú dāo
# 割鸡焉用牛刀

**子之①武城②，闻弦歌之声。夫子莞尔③而笑，曰："割鸡焉用牛刀？"子游对曰："昔者偃④也闻诸夫子曰：'君子学道则爱人，小人学道则易使也。'"子曰："二三子！偃之言是也。前言戏之耳。"**

## 译文

孔子到武城去，听到弹琴唱歌的声音。孔子微微一笑，说："杀鸡哪里用得着杀牛刀呢？"子游回答说："以前我在老师那里听说过：'君子学习礼乐之道会有仁爱之心，百姓学习礼乐之道容易听从使唤。'"孔子对学生们说："你们几个（听到了吧）！言偃说的话是对的。我刚才说的话不过是开玩笑罢了。"

## 注释

①之：到。

②武城：这里指鲁国的一个城邑，在今天山东费县西南。

③莞尔：微笑的样子。

④偃：言偃，字子游，吴国人，孔子弟子，才华出众，和子夏一起以文学著名。他曾出任武城宰。

仁爱

## 解读

“割鸡焉用牛刀”后来演变成谚语“杀鸡焉用牛刀”，比喻做小事情用不着花大力气。孔子主张用礼乐教化百姓，子游是个行动派，尽管他治理的地方很小，但他很认真地践行老师的主张。所以当孔子笑称子游小题大做时，他可以理直气壮地反驳。

孔子晚年收了个学生叫子游，与其他弟子不同的是，子游出生在吴国，是个地地道道的南方人。要知道绝大部分孔门弟子都是北方人，当时的南方人还不太了解孔子呢。所以孔子对子游期望很高，他希望自己的影响力能扩展到南方。

子游虽然拜师的时间比较晚，但他很有才华，很快就成了孔子的得意门生，与子夏一样以擅长文学闻名。老师教给他的知识，他都烂熟于心，边学边在生活中运用。他尤其注重礼乐对自身的熏陶。

孔子对子游很满意，经常和他讨论问题，有时候甚至对他吐露心声。有一次，子游陪着孔子参加祭祀活动，活动结束后孔子仰天长叹，着实让子游同学惊讶万分。

孔子拍了拍子游的肩膀，说自己没赶上好的时代，如果生在社会风气淳朴的上古时代，那真是太幸福了。那时没有动乱，也没有盗贼，大家可以开着门放心地睡大觉。子游对老师所说的理想社会非常向往，悄悄记在心里。

有一次，孔子带着弟子们游历武城，子游当时是这个地方的长官。还没进城，大家就远远听见弹琴唱歌的声音。孔子边听边微笑，学生们见老师兴致这么高，以为他正陶醉在音乐里呢。没想到他老人家说："杀只鸡用得着拿出一把杀牛刀吗？"

大家听老师这么说，也都跟着笑起来。他们知道孔子的意思，像武城这样的小地方，人口不多，当地长官教化百姓学习礼乐，真是小题大做。

只有子游一人静静地站在旁边没笑，他一脸严肃地对孔子说：“老师啊，以前我听您教导我们，君子学道可以达到爱人的境界，而让百姓学道，则会容易管理他们呀。”

孔子听子游说了这么一番话，心里咯噔一下，觉得自己刚才太草率了，于是转过头对其他弟子说：“子游说得很对，音乐是教化百姓最好的方式啊！我刚才说的话是开玩笑的。”

**文化小辞典　弦歌**

古代把乐器上用以发声的线称为“弦”。弹奏音乐、唱歌吟诵，是礼乐教化的重要内容。子游在小小的武城推行礼乐，教化百姓，获得了孔子的肯定，后来“弦歌”就成了礼乐教化的代名词。

那么古人是怎么通过礼乐来教化百姓的呢？“礼”本来是先民们信奉神灵进行祈祷的原始宗教仪式。到了周代，统治阶级将这些宗教仪式转变为典章制度，运用在各种场合，比如相见、结婚、军队出征、朝拜天子等，以此来规范人们的行为。

祭祀

嫁娶

出征

“乐”在古代是一种音乐、舞蹈、诗歌三者合一的艺术活动。古人认为人的内心被外物感动，所以要通过声音来表达，声音要有节奏变化，还得通过舞蹈形式表达出来。于是乐就诞生了，它不仅让人获得愉悦，还能维系人与人之间的情感。

# 行不由径

**【论语·雍也】**

**子游为武城宰。子曰:“女得人焉尔乎?”曰:“有澹台灭明者,行不由径,非公事,未尝至于偃之室也。”**

xíng bù yóu jìng

# 行不由径

**子游为武城宰。子曰：“女①得人焉尔乎②？”曰：“有澹台灭明③者，行不由径④，非公事，未尝至于偃之室也。”**

## 译文

子游做了武城邑的长官。孔子说：“你在那里得到什么人才吗？”子游回答说：“有个叫澹台灭明的人，走路从来不抄小道。（他）不因为公事，从来不到我的房间里来。”

## 注释

①女：同“汝”，你。

②焉尔乎：语气词。

③澹（tán）台灭明：澹台氏，字子羽，鲁国人，孔子弟子。澹台灭明相貌丑陋，孔子一开始以貌取人，认为他没有多少才能。后来孔子认识到了自己的错误。

④径：小路，引申为邪路。

人才

## 解读

“行不由径”这个成语就出自这里，比喻为人正派，行动光明正大。孔子对待自己的学生向来是“有教无类”，但有时候难免会判断失误，对澹台灭明以貌取人，忽略了他的才华。孔子尚且会犯这样的错误，更何况我们普通人呢。所以评价一个人，不能仅看表面，还要深入观察，才能知道他的品行和能力。

孔子收学生时一向没有严格的要求，只要是肯学习的人，带上几条腊肉，他就会高兴地收下这个学生。因为他办教育的宗旨是有教无类，不论贵贱贤愚，各种各样的人都可以接受教育。

不过，孔子也有看走眼的时候。有一次，一个年轻人带着礼物来拜见孔子，希望跟随孔子学习。那天孔子正为一件大事烦恼，抬头看了一眼来拜访的人。这个人长得实在是不好看，额头很低，嘴巴窄窄的，还是个塌鼻梁。孔子觉得这样的人不会有太大的出息，可能教了也是白教。

孔子这阵子正忙着大事，顾不上这个年轻人，勉强答应了他，然后就去忙自己的事情了。澹台灭明拜师成功，激动得不得了。但令他失望的是，他在老师的眼里就是个“小透明”，根本没什么机会得到老师的教导。

后来由于种种原因，澹台灭明离开了孔子，大家也渐渐把他给忘记了。很多年以后，孔子来到学生子游为官的武城，问他在这个地方有没有发现什么人才。

子游老老实实地回答说发现了一个叫澹台灭明的人才。孔子一听这个名字似乎有点儿熟悉，在一旁的学生提醒他说这个澹台灭明也是他的学生。孔子惊讶极了。

孔子让人去请澹台灭明，澹台同学知道老师要见他，激动得直抹眼泪。他拉着老师的手，说自己一直都遵从孔门的规矩，培养自身的德行。孔子上下打量这个长相丑陋的学生，内心感到十分后悔，自己当年怎么能以貌取人!

澹台同学对自己要求很严格，重义轻财。相传他带着价值连城的珠宝过河，结果半路遇到两条蛟龙来抢夺珠宝。他很生气，和蛟龙决斗，并把珠宝投到水里，表示自己就算失去珍贵的珠宝，也要坚持自己的义。

澹台灭明后来远游到南方的楚国，在那里教书传播孔子的学说，收了很多学生。他的名气越来越大，很多诸侯都知道他的大名。他在吴国讲课的时候，台下的听众有数百人。

## 文化小辞典 宰

“宰”是古代的官名，在不同时期的地位也不一样。最初，宰是管理家务与奴隶的总管。在周朝，宰常常掌管治理邦国的法典，地位显贵，如太宰。

到了春秋战国时期，各诸侯国的“宰”地位不同。有时卿大夫的家臣也被称为“宰”，掌管邑内事务的人称为邑宰，邑下的里也设置里宰。

后来，“宰”的地位越来越高，成为辅佐君主的辅臣，与“相”的地位相当，合称“宰相”，一般为百官之长。

# 既往不咎

**【论语·八佾】**

**哀公问社于宰我。宰我对曰:“夏后氏以松，殷人以柏，周人以栗，曰使民战栗。”子闻之，曰:“成事不说，遂事不谏，既往不咎。”**

# jì wǎng bú jiù<br>既往不咎

**哀公问社[1]于宰我。宰我对曰：“夏后氏[2]以松，殷人以柏，周人以栗，曰使民战栗。”子闻之，曰：“成事不说，遂[3]事不谏[4]，既往不咎[5]。”**

## 译文

鲁哀公向宰我询问供奉土地神的牌位用什么木头。宰我回答说：“夏朝人用松木，商朝人用柏木，周朝人用栗木，意思是使百姓畏惧而战栗。”孔子听说了这件事，说：“已经做过的事情就不要再说了，已经完成的事情就不要再规劝了，已经过去的事情就不要再追究了。”

## 注释

①社：土地神。古代祭祀土地时，要立一个木质的牌位，古人认为这块牌位就是神灵所凭之物。

②夏后氏：即夏朝。

③遂：完成。

④谏：规劝，奉劝。

⑤咎：追究罪过。

## 解读

“既往不咎”这个成语就出自这里，意思是已经过去的事情就让它过去，不要再去追究了。孔子在这里提醒宰予，作为臣子，上对君王，下对百姓，说话要慎重，不然会产生不好的影响。

宰予毕业后就被鲁哀公招聘去做官了，但他还是改不了自己不大遵守礼仪的毛病，经常做出违背礼制的事情来，把孔子气得七窍生烟。

有一次，鲁哀公向宰予询问给土地神做牌位要用什么木头。宰予屁颠屁颠跑去图书馆翻了好几天的资料，报告给鲁哀公说："夏朝用松树，商朝用柏树，到了周朝则用栗树。"

鲁哀公疑惑说：“这有什么讲究呢，为什么每个朝代用的木头都不一样啊？”宰予揪着自己的头发，绞尽脑汁想了半天说：“您想啊，‘栗’就是使人战栗，让人害怕呀。松就是‘悚’，也是害怕的意思。而‘柏’就是‘迫’，给人压迫感。”

孔子听说这件事情后，气得晚饭都吃不下，把宰予叫来教训了一通：“你这小子胡说八道，过去的事情就让它过去，不必再追究了。制作牌位的木头主要是看当地生长的树木。敬奉神明难道就要和百姓作对吗？”

## 文化小辞典 社

“社”最开始是指土地神。在农耕时代，人们靠种植粮食养活自己，由此对于孕育万物的土地产生了崇拜和敬畏之情。古人将土地奉为神灵，在较早的时候，对着土墩祭祀、敬拜。

随着生产生活水平的提高，祭祀土地神有了固定的场所，于是“社”又引申为祭祀土地神的场所。祭祀时，要给神灵立一个木头牌位，古人认为神灵可以通过牌位接收人类的祈求，降下福泽。

# 樊迟问稼

【论语·子路】

樊迟请学稼。子曰："吾不如老农。"请学为圃。曰："吾不如老圃。"樊迟出。子曰："小人哉，樊须也！上好礼，则民莫敢不敬；上好义，则民莫敢不服；上好信，则民莫敢不用情。夫如是，则四方之民襁负其子而至矣，焉用稼？"

# fán chí wèn jià
# 樊迟问稼

**樊迟[1]请学稼[2]。子曰：“吾不如老农。”请学为圃[3]。曰：“吾不如老圃[4]。”樊迟出。子曰：“小人哉，樊须也！上好礼，则民莫敢不敬；上好义，则民莫敢不服；上好信，则民莫敢不用情。夫如是，则四方之民襁[5]负其子而至矣，焉用稼？”**

## 译文

樊迟向孔子请教如何种田，孔子说：“（种田）我比不上老农民。”樊迟又向孔子请教如何种菜，孔子说：“（种菜）我比不上老菜农。”樊迟告退出来。孔子说：“樊须真是个干粗活的人！统治者崇尚礼节，那么百姓就不敢不敬重；统治者崇尚义，那么百姓就不敢不服从；统治者崇尚诚信，那么百姓就不敢不实在。如果能做到这些，那四面八方的人们就会背着孩子来投奔，哪里用得着自己种田呢？”

## 注释

①樊迟：即樊须，字子迟，齐国人，孔子弟子，有勇有谋，非常好学。

②稼：种植庄稼。

③圃：菜地，这里引申为种菜。

④老圃：种菜的老农。

⑤襁（qiǎng）：背婴儿的宽带或布兜。

## 解读

樊迟向孔子请教怎么种庄稼、种菜，结果惹恼了孔子。孔子的理想是恢复周礼，天下归仁。他教导学生时也希望他们有更高的追求，而樊迟问的问题显然让他不满意。所以他站在统治阶级的角度，强调礼、义、信三个方面的重要性。

孔门勤奋好学的人实在是太多啦，而且他们都是提问达人，脑子里总是有无数的问题，整天围着孔子转。樊迟同学也是个“好奇宝宝”，一有疑惑就跑到老师跟前请教。

樊迟爱学习，而且什么都想学，所以他向孔子提的问题也是五花八门。他一会儿向孔子问什么是仁，一会儿问什么是智慧。孔子总是耐心地给他解答，有时候还主动给他开小灶。小樊给孔子驾车时，老师还为他讲解什么是孝。

有一次，孔子带着学生到舞雩台下游玩。这里风景优美，孔子准备放松一下，吹吹风，看看蓝天白云，说说笑话。没想到小樊同学的问题又来了，他向孔子请教该如何提高自己的修养。

小樊不仅爱学习，还对劳动感兴趣。有一天，他们路过一片水田，樊迟兴冲冲地请教老师如何种田。这可把孔子问倒了，因为孔子平时并不从事农桑。他摆摆手，说自己不如老农。

又有一天，他们路过一个菜园。樊迟看着绿油油的蔬菜，请教老师怎么种菜。孔子不会，说自己不如老菜农。这让孔子有点儿不高兴了，这小子整天不务正业，没有志向啊！

樊迟虚心好学，不懂就问，最后也成了孔门弟子的优秀代表，被季氏请去做官，和冉求成了同事。他们一起成功地抵抗了齐国的进攻。

## 文化小辞典

### 稼穑

古时候把种植庄稼称作“稼”，把收获庄稼称作“穑”，“稼穑”合起来就是耕种收获，泛指农业活动。在农耕时代，农业活动关系到社会的稳定，所以统治者们很重视农业。这也许就是樊迟想要学习耕种的原因。

在孔子亲自编订的《诗经》里面就记载了农民们一年四季的农事活动。农历正月要修理锄头、铁犁等农具，为春天的耕种做好准备；二月要下地翻土耕种……春天播下谷物，长出幼苗，夏天要做好田间护理，除草、捉虫、浇水等。庄稼在农民辛勤的呵护下才能茁壮成长。

等到农历八月的秋天，收获的季节来临，农民们忙着收割庄稼，将粮食装满粮仓，辛苦一年的劳动终于有所收获。如果遇到了自然灾害，庄稼没有好收成，这一年的辛苦就要白费了。

农事不仅劳累，也需要经验和技巧，所以像樊迟这样没有经验的人，想从事农事活动，的确是要学习的。但是孔子不希望自己的弟子去从事具体的生产劳动，而是希望他们通过辅佐君主，干更大的事业，让天下太平。所以当樊迟来向他请教农事的时候，孔子不太高兴，因为他想培养的是志向远大的君子。

# 己所不欲，勿施于人

**【论语·卫灵公】**

子贡问曰："有一言而可以终身行之者乎？"子曰："其恕乎！己所不欲，勿施于人。"

# jǐ suǒ bú yù， wù shī yú rén
# 己所不欲，勿施于人

**子贡[1]问曰："有一言而可以终身行之者乎？"子曰："其恕[2]乎！己所不欲，勿施于人。"**

## 译文

子贡问孔子："有没有一个字可以终身奉行的呢？"孔子说："大概就是恕字吧！自己不想做的事情，不要强加给别人。"

## 注释

①子贡：端木氏，名赐，字子贡，卫国人，孔子弟子。子贡口才好，善于雄辩，孔子十分器重他，地位仅次于颜回。他还善于经商，非常富有。

②恕：以仁爱之心对待别人。

## 解读

“己所不欲，勿施于人”这句话告诉我们，做人做事要有同理心，要站在别人的角度替别人考虑，不给别人添麻烦。孔子有崇高的理想，想推行仁政，但并不是所有人都能接受他的思想。孔子对别人通常采取比较宽容的态度。

子贡可以说是孔子弟子中的传奇人物，孔子特别喜欢他，因为他门门功课拔尖，口才还非常了得，堪称“辩论之王”，比宰予还要厉害几分。

孔子教育弟子时最喜欢举一反三，他希望自己讲一个道理，学生就能明白很多个道理。子贡正是这种让人省心的好学生。有一次，孔子提出一个问题，子贡就引用《诗》里的话，回答得非常精彩，赢得了老师的点赞。孔子直夸他是“瑚琏之器”。

子贡作为杰出人才，曾先后在鲁国和卫国为相。由于他口才特别好，又是著名的外交家，在鲁国被齐国欺负的时候，子贡凭着自己的一张嘴游说各国，成功地让吴国和齐国打了起来，鲁国保住了安宁。

子贡不仅做官厉害，还有理财经商的头脑。孔子带着弟子们在各国穷游的时候，几次靠子贡去搬救兵才填饱肚子，不至于被饿死。

子贡对孔子非常尊敬，不允许任何人说老师的坏话。有一次鲁国大夫想要讨好他，在他面前贬低孔子，说子贡比孔子优秀得多。子贡听了气得七窍冒烟，差点儿动起手来，好在他选择发挥特长——辩论，为孔子维护了名声。

孔子对子贡和颜回这两个优秀弟子非常得意，还经常当着他们的面夸赞。孔子曾经问子贡觉得自己和颜回谁更厉害。对于子贡这样高情商的人来说，当然把学霸的位置拱手让给颜回，这也说明子贡是个谦虚的人。

文化小辞典

## 忠恕

孔子讲的君子之道要奉行两个原则，一个是忠，一个是恕。忠，是指尽自己的心力来成全他人，自己想有所作为，也让别人有所作为。

恕，指推己及人，自己不喜欢的不强加给别人，以宽容的态度对待别人。能够做到“忠恕”，并且坚持贯彻下去，就说明达到了君子之道。

# 居敬行简

**【论语·雍也】**

**仲弓问子桑伯子。子曰：“可也，简。”仲弓曰：“居敬而行简，以临其民，不亦可乎？居简而行简，无乃大简乎？”子曰：“雍之言然。”**

jū jìng xíng jiǎn

# 居敬行简

**仲弓①问子桑伯子②。子曰："可也，简③。"仲弓曰："居敬④而行简，以临⑤其民，不亦可乎？居简而行简，无乃⑥大⑦简乎？"子曰："雍之言然。"**

## 译文

仲弓问到子桑伯子这个人。孔子说："这个人可以的，（他）行事很简要。"仲弓说："为人严肃认真，而行事简要，这样来治理百姓，不也是可行的吗？（但是）为人马马虎虎，心存简单，而行事也简要，那岂不是太简单了吗？"孔子说："冉雍，你说的这番话很正确。"

## 注释

①仲弓：即冉雍，字仲弓，鲁国人，孔子弟子，忠厚仁义，以德行著称，气量宏大。

②子桑伯子：身份不详，据推测是一个卿大夫。

③简：简要，不烦琐。

④居敬：指为人严肃认真。

⑤临：面对，面临。

⑥无乃：岂不是。

⑦大：同"太"。

## 解读

冉雍在这里提出来的问题，令孔子刮目相看。做事情干净利落是很优秀的能力，但并不是每个人都拥有这项能力。只有做事严肃认真，心里有把握的人，才能在具体的实施过程中做到不烦琐，不拖沓。

冉雍出身低下，所以他比较自卑。不仅如此，他还摊上一个不靠谱的老爸，经常受牵连被人家指着鼻子骂。

每当冉雍被人攻击，孔子就会站出来保护他，狠狠教训那些攻击冉雍的人。孔子说一头犁地的牛也可以生出祭祀用的小牛来，冉雍虽然没有尊贵的身份，但是他有治理国家的才能。这么好的人才怎么能放弃不用呢？

孔子护着冉雍是有原因的，冉雍虽然沉默寡言，但是说话做事非常稳重，做人又很仁义，不会用花言巧语讨好别人，气量宽宏，品德高尚。孔子经常夸他，说他将来能做一个地方的长官。

冉雍的同学都对他评价很高，就连孔门的传奇人物子贡都对冉雍竖起大拇指。

品学兼优的冉雍毕业后，也去了季氏门下做事。做官后，冉雍还是经常回来向孔子请教问题，问他怎么带团队，搞管理。孔子认为先要做好表率，发掘有才能的人，不要揪着他们的小辫子不放。

冉雍做事非常认真负责，还给季氏提出了很多建议。但是很遗憾，季氏把他的话当成耳旁风，根本不采纳。这可惹恼了冉雍。他一气之下辞职不干了，去跟着孔子做学问。

## 文化小辞典

### 敬畏之心

儒家学说认为人应该有敬畏思想，常怀敬畏之心。君子应该畏天命，畏大人，畏圣人之言。也就是敬畏自然规律，敬畏德高之人，敬畏先贤的言论。

有了敬畏之心，君子行事做人的时候就会有所顾忌，需要遵循自然的法则以及道德准则。无论是对待人还是事物，都要保持认真的态度，内心严肃，这样才能办好事情。

# 言寡尤，行寡悔

**【论语·为政】**

**子张学干禄。子曰："多闻阙疑，慎言其余，则寡尤；多见阙殆，慎行其余，则寡悔。言寡尤，行寡悔，禄在其中矣。"**

# yán guǎ yóu, xíng guǎ huǐ
# 言寡尤，行寡悔

**子张[1]学干禄[2]。子曰：“多闻阙[3]疑，慎言其余，则寡尤[4]；多见阙殆，慎行其余，则寡悔。言寡尤，行寡悔，禄在其中矣。”**

## 译文

子张向孔子学习求官职得俸禄的方法。孔子说：“多聆听，对于有疑问的地方要有所保留，其他有把握的部分谨慎地说出来，这样就能少犯错误；多观察，对于有疑问的地方，要有所保留，其他有把握的部分谨慎地实行，这样就能少后悔。言语上少犯错误，行动上避免后悔，官职俸禄就在这里了。”

## 注释

①子张：颛孙氏，名师，字子张，陈国人，孔子弟子，为人勇猛，气质雍容，好学深思，喜爱交友，但性格有些偏激。

②干禄：做官求得俸禄。干，求。禄，俸禄。

③阙：同“缺”，保留，避免。

④寡尤：少犯过错。寡，少。尤，过错。

## 解读

孔子这里是教导子张如何做官，其实也是教导他如何做人，对我们一般人也有借鉴作用。与人打交道，时刻都要小心谨慎。孔子从言和行两个方面提出了要求：在言语上，要多听别人的意见，谨慎发言；在行动上，要多看看别人怎么做，小心谨慎地做自己的事。少犯错误，少后悔，这样才能办好事情，做好人。

孔子的学生虽然个个都很优秀，但性格却各不相同。子张的性格就比较偏激。孔子和别人聊天，说到他的几个得意弟子，提到子张时，他就拍着大腿，为子张狂放乖张的性格担忧。

为什么孔子这么担忧子张呢？因为和子张相处起来实在是太难了，连同门师兄弟都觉得他是个难搞的“刺头”，见到他就像老鼠见了猫，能不招惹就不招惹。就连老实人曾参都说子张长得仪表堂堂，却难以做到仁。

谁能想到，长得一表人才的子张，尽管社交能力超强，却性格古怪，很难相处。在生活上，他不拘小节，过得随性潇洒，常常衣冠不整。

子张很有才华，好学习，爱思考，还特别崇拜孔子，总是爱向老师提问。孔子带着弟子们周游列国的时候，有一次子张提了关于“忠”和“信”的问题，发现自己没有带笔记本，就把老师的教诲写在自己的衣服上，表示自己永远不会忘记。

## 文化小辞典 俸禄

俸禄是古代王朝政府给予各级官吏的报酬，俸禄的发放形式主要有土地、实物、粮食、钱币等。商周时期实行分封制，俸禄主要为分封土地境内的经济收入。

春秋末期到唐朝初年，俸禄多为实际物品，如粮食、布帛。其中最常见的是粟，也就是小米。唐朝中期以后，政府逐渐使用钱币来发放俸禄。

# 原宪问耻

**【论语·宪问】**

**宪问耻。子曰："邦有道，谷；邦无道，谷，耻也。""克、伐、怨、欲不行焉，可以为仁矣？"子曰："可以为难矣，仁则吾不知也。"**

yuán xiàn wèn chǐ

# 原宪问耻

**宪[1]问耻。子曰：“邦有道，谷[2]；邦无道，谷，耻也。”“克[3]、伐[4]、怨、欲不行焉，可以为仁矣？”子曰：“可以为难矣，仁则吾不知也。”**

## 译文

原宪问孔子什么是可耻，孔子回答说：“国家政治清明，你做官领俸禄；国家政治混乱，你还做官领俸禄，这就叫可耻。”原宪又问：“好胜、自夸、怨恨、贪欲，这些缺陷都没有，就可以做到仁了吗？”孔子说：“可以称得上难能可贵了，是不是做到了仁，我就不能断定了。”

## 注释

①宪：原宪，字子思，亦称原思，鲁国人（一说宋国人），孔子弟子。原宪虽出身贫寒，但为人守节持正，安贫乐道，不与世俗同流合污。

②谷：粮食，这里指做官得到俸禄。

③克：好胜。

④伐：自夸。

## 解读

孔子告诉原宪，做官要有所作为，“在其位谋其政”，不干事情却白白地拿俸禄，就像米虫一样，这是可耻的。而要做到“仁”，并不是简单地丢掉好胜、自夸、怨恨、贪欲这些毛病就可以了，还需要有更高层次的修养。

孔子的学生中什么样的人都有，有像子贡那样会做生意的富人，也有原宪这样的穷人。原宪从宋国跑到鲁国来学习，住在一间茅草屋里，门是用蓬蒿做的，窗户用破瓦罐代替。雨天茅草屋漏雨，地上潮湿，原宪却端正地坐在地上弹琴唱歌，一点儿也不在乎生活穷困。

原宪并不是没有能力过上富足的生活，他身怀才干，曾经担任孔子的家庭总管。原宪是个非常出色的管家，把孔子的家务事安排得井井有条。

孔子非常欣赏这么能干的管家，知道原宪日子过得紧巴巴的，给他发工资的时候特别关照他，给了他九百石小米。没想到原宪却推辞不要，大家惊呆了，原宪却一点儿也不理会别人，就算穷得叮当响，照样快乐地跟着孔子学习。

原宪是个很有个性的人，他身负才华，但不愿意为那些品行不好的君主做事。他经常和孔子探讨道义问题，孔子说君子没有将“道”推行于天下，为了赚钱吃饭而去做官是可耻的。原宪非常激动地点头赞同老师的话。

孔子去世后，原宪非常伤心，他跑到卫国，找了一个荒僻的地方隐居起来。他的老同学子贡正好在卫国做大官，听到原宪隐居的消息，就穿着貂皮大衣，坐着豪华马车，带着一帮随从，声势浩荡地来看望原宪，顺便劝他出来做官谋生。

原宪住的地方实在是太偏僻了，害得子贡找了半天。结果巷子太窄，马车进不去，子贡只好下车步行。原宪出门迎接客人，却穿得破破烂烂的。子贡问他是不是病了，原宪却说有病的是子贡，学了“道”却不知道推行。子贡听了他的话非常惭愧，灰溜溜地走了。

**文化小辞典**

**邦**

“邦”的本义是设立土界，表示所属领地。商周时期实行分封制度，最高统治者分封诸侯，这些诸侯都拥有自己的封地，被称为“邦”或“国”，封地上的百姓归诸侯所有，听从诸侯的号令。诸侯在封国享受世袭统治权，可以把他在封地上的权力传给下一代。

春秋战国时期，周天子的权力越来越弱，各诸侯的势力越来越强。他们表面上尊奉周天子，但实际上都在发展壮大自己的势力。“邦”后来引申出国家的意思。

# 吾与点也

**【论语·先进】**

**子曰："何伤乎？亦各言其志也。"曰："莫春者，春服既成，冠者五六人，童子六七人，浴乎沂，风乎舞雩，咏而归。"夫子喟然叹曰："吾与点也！"**

# wú yǔ diǎn yě
# 吾与点也

**子曰："何伤乎？亦各言其志也。"曰："莫春[1]者，春服既成[2]，冠者[3]五六人，童子六七人，浴乎沂[4]，风乎舞雩[5]，咏而归。"夫子喟然叹曰："吾与[6]点[7]也！"**

## 译文

孔子说："那有什么关系呢，也不过就是说说各人的志向罢了。"（曾皙）说："暮春时节，已经换上了春天的衣服，我和五六个大人带着七八个小孩，在沂水里洗洗澡，再到舞雩台上吹吹风，然后唱着歌归来。"孔子长叹一口气说："我很赞同曾皙的志向啊！"

## 注释

①莫春：春天最后一个阶段，古人将春天分成孟春、仲春、暮春三个阶段。莫，同"暮"。

②春服既成：指春天到来，换上春装。

③冠者：指成年人。古代男子到了二十岁要举行冠礼，表示成年。

④浴乎沂（yí）：在沂水边洗澡。沂，指沂水，在今山东省境内。

⑤舞雩（yú）：指舞雩台，原本是用来祈雨的高台，在今山东曲阜。

⑥与：同意，赞同。

⑦点：曾点，字皙，又称曾皙，鲁国人，曾参的父亲，孔子弟子。他思想超脱，有狂士之称。

## 解读

孔子询问学生们的志向，其他学生都在回答怎么治理国家，只有曾皙的回答出乎意料。他没有直接说怎样发挥自己的才能治理国家，而是描述了一幅很温馨的画面，说出了孔子心中的理想：社会安定，百姓安居乐业，并且懂得礼乐。所以曾皙的回答得到了孔子的肯定。

一天，子路、曾皙、冉求、公西华陪孔子闲坐，大家聊了起来。孔子说：“你们不要觉得我比你们年长就不敢说实话，平时你们不总是一肚子牢骚，说没人懂你们吗？今天，我就给你们这个机会，让你们痛痛快快地说出来。我问你们，假如有人知道你的为人，给你机会，让你来治理国家，你会怎么做呢？”

孔子话刚说完，一向鲁莽率直的子路就噌地站起来抢着回答说：“这还不简单。如果一个拥有千辆兵车的国家，夹在两个大国之间，经常挨打受欺负，国内还时常闹饥荒，给我三年时间治理，我可以让百姓变得勇敢，并且懂得道理。”孔子看着子路微微一笑，没有说什么。

他转过身问冉求："冉求，说说你的看法。"被老师点名，冉求小心翼翼地站起来说："方圆六七十里的地方……"他偷瞄了一眼老师，改口道："方圆五六十里的地方，我来治理，能让百姓口袋里有钱。至于搞教育嘛，还是等贤能的君子来做好了。"

孔子没说什么，接着问公西华："你呢？"公西华站起来给孔子施礼，说："我不敢说自己能治理国家，但是愿意学习。比如祭祀啦，外交活动啦，我就穿着礼服，认真当一个司仪官。"

大家都把自己的想法说了出来，只有曾皙在一旁认真地弹瑟，好像没听见似的。孔子提醒道："曾皙啊，该你了！"曾皙不紧不慢把一曲弹完，放下瑟站起来说："我的志向跟三位同学不同。"孔子说："那有什么要紧的，只不过说说各自的志向罢了。"

曾皙放下心来，缓缓说："暮春三月，已经换上了春衣。我和五六个大人带着六七个小孩子一起出来游玩。在沂水里洗洗澡，在舞雩台上吹吹风，然后一起唱着歌回家。"孔子听了曾皙的描述，叹息说："我和曾皙的志向是一样的呀！"

等其他几个同学都离开了，曾皙跑到孔子身边悄悄问：“刚才三位同学的想法怎么样呀？”孔子点着头说：“很好呀，大家就是说说自己的志向罢了。”

“那您刚才为什么对子路微笑呀？”曾皙对老师谜一样的微笑感到好奇，“看您的样子，好像并不赞同他的看法。”孔子捋捋胡子说：“嗯，治理国家首先得懂得礼让。可是子路刚才说话一点儿也不谦虚，所以我就笑了呀。”

“难道冉求讲的不是国家吗？”曾皙又抛出一个问题。孔子耐心地解答：“方圆六七十里也好，方圆五六十里也好，再小也是个国家呀。”

曾皙打破砂锅问到底：“那公西华说的不是国家吗？”孔子笑着说：“有宗庙，有外交活动，不是国家是什么呢？像公西华这样懂礼仪的人，以他的能力，他说要做个小司仪官，那谁能来做大司仪官呢？”

## 文化小辞典

### 冠礼

“冠者”指的是戴冠的人，古代男子成年后要举行成人典礼，也就是冠礼，以表示告别孩童时期，正式踏入成人行列，所以用“冠者”来代称成人。

古代男子到了二十岁就要举行冠礼，在宗族长辈的见证下加冠，还要接受长辈关于各种日常礼仪的教导，比如行坐姿态、仪表风度、行为道德等。举行过冠礼的青年就标志着成人了，可以独立参加各项社会活动。

# 君子周急不继富

**【论语·雍也】**

子华使于齐，冉子为其母请粟。子曰："与之釜。"请益。曰："与之庾。"冉子与之粟五秉。子曰："赤之适齐也，乘肥马，衣轻裘。吾闻之也：君子周急不继富。"

# jūn zǐ zhōu jí bú jì fù
# 君子周急不继富

**子华[1]使[2]于齐，冉子[3]为其母请粟[4]。子曰："与之釜[5]。"请益[6]。曰："与之庾。"冉子与之粟五秉。子曰："赤之适[7]齐也，乘肥马，衣轻裘。吾闻之也：君子周[8]急不继[9]富。"**

## 译文

公西华出使齐国，冉求为公西华的母亲向孔子申请小米口粮。孔子说："给她一釜。"冉求请求多加一点儿。孔子说："再给她一庾。"冉求却给了她五秉小米。孔子说："公西赤到齐国去，坐着肥马驾的车，穿着又暖又轻的皮袍。我听说，君子只救济急需的人，而不是为富裕的人再增富。"

## 注释

①子华：公西赤，公西氏，字子华，通称公西华，鲁国人，孔子弟子。公西华有十分出色的外交才能，所以经常被孔子派去参加外交活动。

②使：出使。

③冉子：指冉求。

④粟：小米，俗称谷子。

⑤釜（fǔ）：与下文的"庾""秉"都是古代的量器名。

⑥益：增加。

⑦适：到。

⑧周：周济，救济。

⑨继：接济，补偿。

## 解读

孔子在对待贫富的问题上，要求弟子们遵从“周急不继富”的原则。对于穷困的人来说，君子的救济如雪中送炭，能够解决燃眉之急。但是对富人来说不过是锦上添花，他们甚至毫不在意。这对穷人来说是不公平的。

公西华是孔子弟子中最懂礼仪的，他长得相貌堂堂，并且谦逊有礼，有君子之风。孔子很中意这个学生，经常让他到其他诸侯国洽谈事务。

公西华学习特别认真。有一次，孔子让大家说说自己的志向，公西华说自己想学习各种事务，以后能穿着礼服主持礼仪活动，做一个称职的司仪官。

有一次，公西华又被孔子派去搞外交活动，临走之前，他请冉求同学帮他妈妈申请口粮。冉求就向孔子申请，孔子同意给她一釜。冉求觉得太少了，请求增加一点儿，孔子说那就给她一庾吧。冉求觉得还是少了，就自作主张给了五秉。

孔子知道冉求给了公西华妈妈这么多粮食，很不高兴，把冉求批评了一顿。他说公西华这次去齐国，骑着肥壮的马，穿着又轻又暖的皮袍，人家阔绰着呢。君子应该救济穷困的人，而不是让富人更加富有。

## 文化小辞典

### 釜、庾、秉

釜、庾、秉都是古代的量器。古代的量器和我们现在使用的大不一样，而且在春秋战国时代，各个诸侯国的量器也大相径庭。不过我们可以根据出土的文物来推算它们的容量。

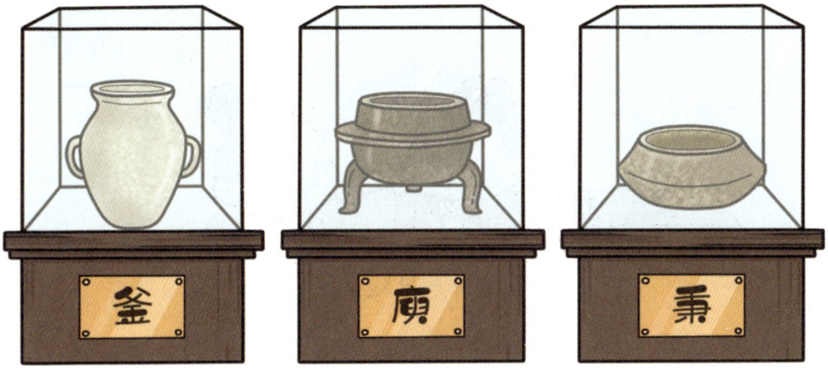


釜是春秋战国时期齐国使用的量器，口小腹大，形状像坛子。当时使用的容量单位是升（大约相当于现在的320.3毫升），1釜为64升。庾是比釜小一些的量器，1庾为24升。秉是比釜更大的量器，1秉为160升。

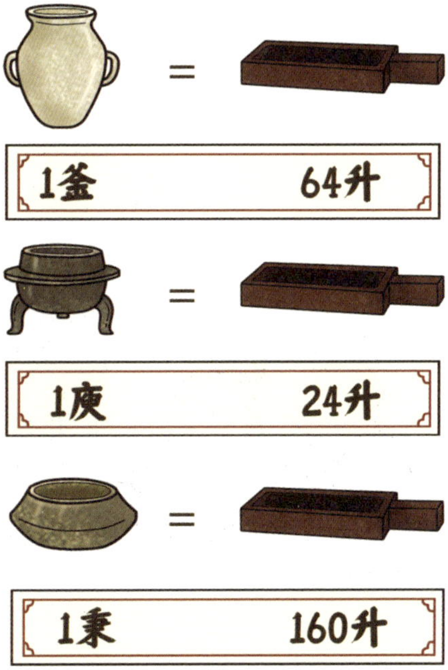

# 孔鲤趋庭

**【论语·季氏】**

**陈亢问于伯鱼曰："子亦有异闻乎？"对曰："未也。尝独立，鲤趋而过庭。曰：'学诗乎？'对曰：'未也。''不学诗，无以言。'鲤退而学诗。他日，又独立，鲤趋而过庭。曰：'学礼乎？'对曰：'未也。''不学礼，无以立。'鲤退而学礼。闻斯二者。"陈亢退而喜曰："问一得三，闻诗，闻礼，又闻君子之远其子也。"**

# kǒng lǐ qū tíng
# 孔鲤趋庭

**陈亢[1]问于伯鱼[2]曰：“子亦有异闻乎？”对曰：“未也。尝独立，鲤趋而过庭。曰：‘学诗乎？’对曰：‘未也。’‘不学诗，无以言。’鲤退而学诗。他日，又独立，鲤趋而过庭。曰：‘学礼乎？’对曰：‘未也。’‘不学礼，无以立。’鲤退而学礼。闻斯二者。”陈亢退而喜曰：“问一得三，闻诗，闻礼，又闻君子之远[3]其子也。”**

## 译文

陈亢询问伯鱼：“您在您父亲那里有听到和我们不一样的教导吗？”伯鱼答道：“没有。他曾一个人站在庭院里，我恭敬地快步走过去。他问我：‘学过《诗》了吗？’我回答说：‘没有。’他说：‘不学《诗》就不会说话。’我就退回去学《诗》。又有一天，他又独自一人站在庭院中，我恭敬地快步走过去。他问我：‘学过礼了吗？’我回答说：‘没有。’他说：‘不学礼，就没有立足社会的根本。’我就退回去学礼。我只听到过这两件事。”陈亢回去高兴地说：“我问了一个问题，却知道了三件事，知道了《诗》，知道了礼，又知道了君子对待儿子不偏私的态度。”

## 注释

①陈亢：字子亢，又字子禽，陈国人，孔子弟子。

②伯鱼：孔鲤，字伯鱼，孔子的儿子，为人胸襟豁达，尊亲重礼。

③远：疏远，不亲近，这里指不偏私。

## 解读

孔子一生收徒无数，教育出了很多优秀弟子，还向当权者推荐了许多人才。孔子在教育自己唯一的儿子时，没有因为血缘关系偏袒他，而是对他严格要求，这表现出孔子公正不偏私的态度。

孔子有很多弟子，但是儿子却只有一个，名叫孔鲤。孔鲤出生的时候，孔子还没什么名气，在鲁国做仓库管理员。孔子工作认真，国君鲁昭公很欣赏这个年轻人，听说他的儿子出生，就派人送了一条鲤鱼表示祝贺，孔子十分感激，就给儿子取名孔鲤。

小孔鲤一天天长大，但他却经常见不到自己的老爸。孔子整天东奔西跑，忙着做官，忙着编书，忙着收徒，还经常到各国做演讲。可怜的小孔鲤只好自己跟自己玩。

到了上学的年龄，孔子也没有因为孔鲤是自己唯一的儿子而特别对待他，而是让他跟着自己的弟子一块儿学习。有个叫陈亢的同学总喜欢打听别人的事。他很好奇老师的儿子是不是受到了特殊的教育，于是他就去问孔鲤。

孔鲤仰着头想了半天说："没有啊。我爸曾经一个人站在院子里，我从他面前恭敬地走过去，他问我：'最近有没有学《诗》？'我说：'没有。'他说：'不学《诗》就不会说话。'我就回去学《诗》了。还有一次，也是在院子里碰到他，他问我：'学礼了吗？'我说：'没有。'他说：'不学礼就不能在社会上立足。'于是我就回去学礼了。我从他那里就听到这两样。"

陈亢听了之后，非常高兴。他没想到孔子是一个如此光明磊落的人，对自己的儿子和学生完全一视同仁。他说：“没想到问了一个问题，我却得到三方面的收获，知道了学《诗》，知道了学礼，还知道了君子对自己的儿子毫无偏私。”

孔鲤并没有做出过什么有成就的事情，但他在父亲的熏陶下成长，个人修养很高。他从不嫉妒他的同门师兄弟，每天过得很开心。相传，有一次，孔子一家祖孙三代坐在一起，孔鲤开玩笑对父亲说：“你并没有比我强，你儿子没有我儿子厉害。”又转过头对儿子子思说：“你也没有我强，毕竟你老爸没有我老爸厉害。”

# 文化小辞典 《诗经》

孔子经常和学生们讨论《诗》，还要求儿子学《诗》，甚至认为不学《诗》就不会说话，可见《诗》在他心目中的地位是多么重要。孔子所说的《诗》就是《诗经》。

《诗经》是中国最早的诗歌总集，这些诗歌大部分由采诗官从民间采集而来，所以无法考证它们的作者是谁。据说孔子编订了《诗经》，并把它作为教授弟子的教科书。

《诗经》又叫“诗三百”，因为它总共收录了305篇诗歌。这些诗歌被分为三大类，第一类为《风》，是采诗官从各个诸侯国采集来的民间歌谣；第二类为《雅》，是当时周朝贵族阶层所用的正声雅乐，又分为《大雅》和《小雅》；第三类为《颂》，是宗庙祭祀使用的乐歌。

孔子创立的儒家学说，在汉武帝的时候被尊为正统学说，受到推崇，他所重视的《诗》也被奉为经典，被称为《诗经》。